¿CÓMO PUEDO DESARROLLAR MIS TALENTOS?

CASA
CREACIÓN

MARCOS WITT

¿Cómo puedo desarrollar mis talentos?
por Marcos Witt
Publicado por Casa Creación
Una compañía de Charisma Media
600 Rinehart Road
Lake Mary, Florida 32746
www.casacreacion.com

A menos que se indique lo contrario, todos los textos bíblicos han sido tomados de la Versión Reina-Valera de 1960.

ISBN: 978-0-88419-853-6

11 12 13 * 12 11 10

Impreso en los Estados Unidos de América

ÍNDICE

Introducción

Un pueblo de gracia

En estos tiempos han surgido desafíos extraordinarios en América Latina. En medio de todo este mover surgen importantes noticias, algunas de ellas buenas y otras no tanto. Unas nos llenan de gozo y otras de preocupación. Pero, aún así, las que nos intranquilizan producen acción en nuestra vida, ya que al conocerlas debemos hacer algo al respecto.

Latinoamérica está experimentando un fuerte mover de Dios. El resto del mundo tiene sus ojos puestos sobre ella y se preguntan qué tenemos nosotros que a ellos les gustaría tener. El Señor por su gracia nos regaló muchas cosas que nos hace diferentes a los demás. El latinoamericano es muy jovial. Somos personas muy alegres, nos encantan los festejos y cualquier motivo es bueno para celebrar. Y como causa de esta celebración sabemos que diariamente, cientos de latinoamericanos reciben el mensaje de Jesucristo y lo aceptan.

Algunos historiadores de la iglesia estiman que en América Latina, entregan su vida a

Cristo entre 400 a 500 personas por minuto. Ésta es la buena noticia. La mala es que, desgraciadamente, mucho de este fruto se está perdiendo por una escasez de liderazgo.

Cuando comenzamos el proyecto de *Lidere,* nos unimos con personas que trabajan desde hace muchos años en el desarrollo y la motivación de líderes en América Latina. Nos sorprendimos al darnos cuenta que en Latinoamérica hay cientos de miles de pastores con congregaciones de entre 50 a 100 personas. La mayoría de ellos no tienen la menor idea de cómo llegaron a ser ministros del Señor y luchan para sobrevivir junto a los pocos miembros de su congregación, los cuales probablemente están divididos y a punto de irse en cualquier momento.

Hace algunos años, un seminario teológico de renombre realizó una encuesta que concluyó con los siguientes resultados: la mayoría del liderazgo de América Latina no tuvo ni un solo día formal de educación, ni siquiera primaria o elemental. Parte del problema es que ha proliferado entre los latinoamericanos una mentalidad muy peligrosa que dice: «¡Gloria a Dios, yo nunca estudié!». Podemos llegar a comprender el espíritu de lo que están diciendo nuestros colaboradores y consiervos, pero este pensamiento mantuvo a nuestro liderazgo con muchas limitaciones.

Tiempo atrás, otro estadista dijo que el 60% del liderazgo había deseado abandonar el ministerio en los últimos seis meses. Cuando me enteré de esto estaba como orador invitado en un Congreso de líderes en una ciudad de Latinoamérica frente a unos 4,000 pastores. Confirmé esto al oír a otro de los predicadores invitados hacer la siguiente declaración mientras desarrollaba su conferencia: «El Espíritu Santo me está dirigiendo a orar por aquellos pastores y líderes que en los últimos tres meses han deseado quitarse la vida». Cuando escuché esta invitación pensé: «¡Ay, Dios mío ahora sí que le falló el discernimiento a este hermano! ¿Cómo es posible?». Podía llegar a entender que orara por aquellos que han querido abandonar el ministerio «tirar la toalla», pero ¿quitarse la vida? Sin embargo, fue sorpresivo ver que de los 4,000 pastores y líderes presentes, cientos de ellos comenzaron a pasar de uno en uno al altar, algunos llorando y gritando con gran angustia.

En ese instante el Espíritu Santo le revela al predicador una imagen: «Veo a alguien que hace dos semanas se cortó las venas con una navaja». La cara de espanto al oír todas estas cosas reflejaba la sorpresa que tenía al escuchar este mensaje. De pronto, más de 400 consiervos pasaron respondiendo el llamado. Esa noche comprendí que el Espíritu Santo no se había equivocado. Él sabía exactamente cuáles eran las necesidades de esa gente. Pero también comprendí que muchos de nuestros consiervos en el ministerio viven en una desesperación total y necesitan motivación.

Una de las necesidades más importantes que América Latina tiene que enfrentar hoy es preparar, bendecir y motivar al liderazgo. Algunos dicen que el liderazgo latinoamericano no es bueno, pero esto es un error.

Hablamos mucho en la iglesia acerca de un cambio de corazón, un cambio de espíritu, un cambio en nuestra alma. Pero se habla muy poco de un cambio en la manera de pensar.

«No os conforméis a este siglo, sino transformaos por medio de la renovación de vuestro entendimiento, para que comprobéis cuál sea la buena voluntad de Dios, agradable y perfecta» (Romanos 12:2).

Dios necesita que renovemos nuestro entendimiento. El libro de los Proverbios declara que *«el corazón del hombre piensa su camino; mas Jehová endereza sus pasos»*.

A lo largo de estas páginas encontrará principios sencillos y básicos para el crecimiento del liderazgo. De esta manera comenzará el cambio en su manera de pensar.

Parábola de
los talentos

"Porque el reino de los cielos es como un hombre que yéndose lejos, llamó a sus siervos y les entregó sus bienes. A uno dio cinco talentos, y a otro dos, y a otro uno, a cada uno conforme a su capacidad; y luego se fue lejos. Y el que había recibido cinco talentos fue y negoció con ellos, y ganó otros cinco talentos. Asimismo el que había recibido dos, ganó también otros dos. Pero el que había recibido uno fue y cavó en la tierra, y escondió el dinero de su señor. Después de mucho tiempo vino el señor de aquellos siervos, y arregló cuentas con ellos. Y llegando el que había recibido cinco talentos, trajo otros cinco talentos, diciendo: Señor, cinco talentos me entregaste; aquí tienes, he ganado otros cinco talentos sobre ellos. Y su señor le dijo: Bien, buen siervo y fiel; sobre poco has sido fiel, sobre mucho te pondré; entra en el gozo de tu señor. Llegando también el que había recibido dos talentos, dijo: Señor, dos talentos me entregaste; aquí tienes, he ganado otros dos talentos sobre ellos. Su señor le dijo: Bien, buen siervo y fiel; sobre poco has sido fiel, sobre mucho te pondré; entra en el gozo de tu señor. Pero llegando también el que había recibido un talento, dijo: Señor, te conocía que eres hombre duro, que siegas donde no sembraste y recoges donde no esparciste; por lo cual tuve miedo, y fui y escondí tu talento en la tierra; aquí tienes lo que es tuyo. Respondiendo su señor, le dijo: Siervo malo y negligente, sabías que siego donde no sembré, y que recojo donde no esparcí. Por tanto, debías haber dado mi dinero a los banqueros, y al venir yo, hubiera recibido lo que es mío con los intereses. Quitadle, pues, el talento, y dadlo al que tiene diez talentos. Porque al que tiene, le será dado, y tendrá más; y al que no tiene, aun lo que tiene le será quitado. Y al siervo inútil echadle en las tinieblas de afuera; allí será el lloro y el crujir de dientes."

—Mateo 25:14-30

Aunque en el Antiguo Testamento el talento era una unidad de medida de peso utilizado entre los judíos, griegos y babilonios, la palabra "talento" se utiliza con frecuencia figuradamente. Así que los talentos se deben entender principalmente como dones sobrenaturales conferidos por el Espíritu Santo. De allí la doble intención al explicar Jesús este mensaje a su pueblo, ya que aunque era verdaderamente una moneda también representa un don.

Según cuenta el relato, el amo dividió el dinero entre sus siervos de acuerdo a sus capacidades. Aunque los siervos fieles supieron qué hacer con lo que les había sido dado, había uno que no quiso abandonar sus ocupaciones para servir a su amo. Este hombre solamente pensaba en sí mismo. Quería evitar riesgos para protegerse, aún al perder lo poco que tenía.

¿Puede identificarse entre alguno de estos siervos?

El Señor vendrá a arreglar cuentas con cada uno de nosotros para saber qué hemos hecho con el capital de inversión que él ha depositado en nosotros. Todos los siervos tenían capacidades para recibir los talentos que su amo les entregó. Asimismo Dios nos ha dado talentos y habilidades a todos, y tendremos que responder por ellos.

"Pero todas estas cosas las hace
uno y el mismo Espíritu, repartiendo

a cada uno en particular como él quiere".
—1ra. Corintios 12:11,
énfasis añadido

"*Cada uno* según el don que ha recibido, minístrelo a los otros, como buenos administradores de la multiforme gracia de Dios".
—1º Pedro 4:10, énfasis añadido

En el mundo que vivimos no es nada sencillo acrecentar un capital inicial. Aquellos que han hecho fortuna con poco dinero, hoy son autores de libros de gran venta. En cada uno de ellos nos enseñan las estrategias de crecimiento y desarrollo de sus empresas. Pero el Señor en Su Palabra nos dio las técnicas espirituales para desarrollar los dones que ha sembrado en nuestra vida a su máximo potencial.

A través de la Biblia observamos ocasiones en las que Dios usa burros. En lo personal estoy muy agradecido a Él que sabe usar burros. No sé cuál es su capacidad o dónde usted define la línea de burro, burro excelente, burro inferior, burro superior; pero sí sé que un hombre que tiene un espíritu de gratitud dice: "Señor, gracias por el talento que me diste". Seguramente esa persona intentará sacarle el máximo provecho al talento que le fue entregado. Algunos viven lamentándose: "Señor ¿por qué le diste el talento a él, y yo no lo tengo? Señor, ¿cómo es que haces acepción de personas? ¿Será que cuando llegué a la fila de los talentos ya se habían acabado?".

A todos nos han sido dado talentos. Si usted tiene un talento, puede convertirlo en dos. Ahora, esto es lo increíble. Usted lo convierte en dos. Muchos están esperando que el Señor le multiplique el talento. Pero en verdad es Dios quien está esperando que usted, sirvo fiel, lo multiplique.

Tal vez usted cree que no cuenta con la capacidad suficiente como para trabajar el talento que Dios le ha confiado. Pero permítame contarle la historia de una niña de 10 años que me enseñó una "Lección para el corazón".

Sara nació sin el músculo de uno de sus

pies, por esa razón usaba todo el tiempo un aparato para movilizarse. Un hermoso día de primavera llegó de la escuela y le dijo a su madre que había participado en las carreras deportivas de competencia escolar. Debido al soporte que sostenía su pierna, su madre comenzó a pensar rápidamente en algo que decirle para darle valor y animar a Sara. ¿Qué cosas podría decir su madre que no la desanimaran? Pero antes que pudiera pronunciar palabra, la niña dijo: "¡Mami, gane dos de las carreras! ¡No podía creerlo!". Y agregó: "Pero tuve ventaja". "¡Ah!, —pensó la mamá— lo sabía. Debieron de haberla dejado salir primero que los demás". Pero una vez más, antes que pudiera responder, la niña agregó: "Mami, no me dejaron salir primero que los demás. Mi ventaja fue tener que tratar más fuerte que los demás".

¡Qué tremenda historia! Pero qué bueno es saber que aún aquellos que creen que no tiene el talento necesario para desarrollar, pueden intentarlo con más fuerza y entusiasmo, y le aseguro que lo lograrán.

El siervo fiel siempre
GANA

Todos tenemos el deseo de escuchar de parte de Dios, aquello que le dijo al siervo: "Bien, buen siervo y fiel". No conozco a nadie que diga: "Marcos, el deseo de mi vida, el anhelo de mi corazón es escuchar: *Apártate de mí, hacedor de maldad.*"

Pero si algunos de nosotros no cambiamos nuestra manera de pensar en cuanto a lo que Dios nos ha dado, escucharemos esas palabras. La Palabra dice que todos hemos recibido talentos, pero algunos de nosotros los tenemos escondidos en la tierra. Si comenzamos a trabajar sobre esta base sabremos que, de acuerdo a la parábola de los talentos, hay ganadores y un perdedor.

El primer secreto del ganador es que el siervo fiel siempre **gana**. Esta es la palabra clave que marca la diferencia entre el éxito y el fracaso. Únase a mí y juntos armaremos un acróstico que nos servirá para recordar rápidamente una enseñanza.

G: Gratitud

La G en GANA, representa la **Gratitud**. El siervo fiel gana porque tiene una actitud de agradecimiento. Gratitud es sencillamente reconocer y agradecer lo que tenemos en la mano. Tengo poco, pero estoy agradecido a Dios por ello.

El siervo negligente dijo exactamente: "fui y escondí *tu talento* en la tierra". Aunque el amo le había entregado este talento, el siervo nunca lo sintió como suyo, evidentemente no tomó posesión de él. Sintió que no le pertenecía, y que su trabajo debía limitarse a cuidarlo y no multiplicarlo. No supo reconocer lo que tenía en sus manos y mucho menos agradecer por él.

"Dad gracias en todo, porque
esta es la voluntad de Dios para
con vosotros en Cristo Jesús".
—1º Tesalonicenses 5:18

Muchas personas me preguntan: "Marcos, ¿cuál será la voluntad de Dios para mi vida?". Hay varias citas bíblicas donde específicamente nuestro Dios dice: "Esta es mi voluntad". Como observamos en este texto, la voluntad de Dios es que seamos agradecidos, que demos gracias en todo.

El siervo que recibió cinco talentos y el que recibió dos talentos supieron reconocer lo que habían recibido en sus manos. Sin embargo, el siervo que recibió un talento no reconoció lo que le había sido dado.

A. Una actitud de gratitud produce:

Iniciativa personal de crecer, de superarse, de ampliar su horizonte. El hombre con una actitud de gratitud vive constantemente buscando horizontes nuevos. Vive buscando cómo superar su capacidad, cómo crecer.

Disciplina, decisión y una mentalidad de sacrificio. La mentalidad de sacrificio es aquella que dice: 'Yo daría mi vida en agradecimiento por lo que me ha entregado el Señor. Lo poco que tengo, aun mi propia vida, por sacarle todo el provecho a este talentito que tengo'.

Perseverancia y persistencia. Las dos **p** más importantes en nuestra vida de liderazgo son **p**erseverancia y **p**ersistencia. Ser agradecidos nos permite mantener el rumbo. ¿Cuándo es que las personas desisten en sus trabajos? Cuando dejan de ser agradecidos, cuando se frustran, cuando se vuelven negativas, se vuelven oscuras y, de repente, ya no le encuentran el sabor. Pero cuando uno amanece todas las mañanas dándole gracias al Señor porque sus misericordias son nuevas cada mañana y cada día dice: "Señor, gracias por el día de hoy, porque lo que me has dado, por lo que voy a multiplicar". Uno de los hombres que no permitió que nadie le pusiera limitaciones fue David. Un día se da cuenta que han invitado a Samuel, el profeta, a la casa porque iban a ungir un rey. Pero a David no lo invitan a la fiesta. ¿Alguna vez le sucedió que no lo invitaron a usted a una fiesta? Y de repente, comienza a excusarse diciendo: "Si no me invitaron... ni siquiera sabía que había fiesta.

¿Cómo es posible?" Pero cuando llega David a su casa, a la fiesta, podemos entender por qué Dios lo unge: Porque no llega reclamando la razón por la cual no lo habían invitado a la fiesta. "¡Cómo es posible que siendo yo un hijo de esta casa cuando viene el profeta y deben estar todos los hijos, se olviden de mí! Nadie me quiere". Pero esta no fue su postura, David era agradecido y con esa actitud llegó feliz a su casa. ¡Qué importaba que no lo habían invitado a la fiesta y se habían olvidado de él! Al fin de cuentas, al que ungieron fue a él. ¿Se da cuenta? Aunque no lo hayan invitado a la fiesta, usted fue quien salió ungido. Cuando tenemos una actitud de gratitud, cuando despertamos a la mañana; no debemos permitir que la crítica y el negativismo nos influyan. Si nos mantenemos con esa actitud de gratitud podemos continuar perseverando. Puedo asegurarle que la mejor manera de multiplicar su talento es a través de la perseverancia.

B. Reconocer lo oportunas que son las oportunidades

El siervo fiel no perdió tiempo. Reconoció que esa era una buena oportunidad de la vida. ¿Cuándo volvería a tener la oportunidad que estaba frente a él ese día? Ese sentimiento es el que usted debe tener. No pierda tiempo.

El siervo fiel contaba con un espíritu agradecido que producía el combustible para trabajar. El espíritu agradecido produce el combustible que sustenta la acción. Cuando reconozcamos lo oportuno de las oportunidades, trabajaremos como si nunca más nos volvieran a dar otra oportunidad. Si el siervo negligente hubiera reconocido que posiblemente nunca más le volverían a dar otro talento, hubiera aprovechado la oportunidad. Pero no fue así, la desaprovechó.

La primera carta a los Corintios 9:24 dice: "¿No sabéis que los que corren en el estadio, todos a la verdad corren, pero uno solo se lleva el premio? Corred de tal manera que lo obtengáis".

Tenemos que correr con urgencia, reconociendo que posiblemente esta es la oportunidad de la vida. Cada oportunidad que le es entregada en la mano, posiblemente sea la última que tenga. Por eso, debería trabajarla con todas sus ganas. Porque si ese talento no produce lo que tiene que producir, Dios se lo dará a alguien que le sacará provecho. Por eso es que le dio el talento al que le devolvió diez talentos. Se lo dio al que sabía que negociaría con eso y le sacaría provecho. Por eso dice en ese versículo: *"...aún lo que tiene se le será quitado"*. Se refiere a las oportunidades, a los talentos que Dios le ha dado. Aún lo poco que tiene le será quitado si no sabe trabajarlo como si fuera la oportunidad de su vida. Dios lo tomará nuevamente y se lo dará al que sí tiene deseo de trabajarlo y sacarle provecho. Él no regala talentos para que sean escondidos en hoyos en la tierra y queden ahí sepultados.

A: Accionar

La segunda letra en la palabra GANA es la A, de la cual se desprende la palabra **Accionar**.

Hace unos años produjimos una grabación que se llamó *Proyecto AA*. Aprovecharé este mismo nombre para accionar nuestra vida diciendo: "Proyecto: Adiós a la Apatía".

Hay tres leyes importantes para poner en acción en el proceso de desarrollar nuestros talentos y dones; ellas son:

A. Inspiración

"Porque no nos ha dado Dios
espíritu de cobardía, sino de poder,
de amor y de dominio propio".
—2 Timoteo 1:7

Dios nos ha otorgado todo lo necesario

para desarrollar nuestros dones con excelencia. Nos dio la inspiración para sacarle provecho a nuestros dones y habilidades.

Algunos preguntan: ¿los líderes nacen o se hacen? En verdad debemos saber que todo líder debe nacer, como requisito principal. No puede ser líder si primero no nació. Dios no hace doctores. Él hace hombres y mujeres quienes luego podrán aprender a ser doctores. Dios no hace arquitectos, Él le da a usted la capacidad de ser un arquitecto. Dios no forma intelectualmente, sino que nos da la materia prima inicial para alcanzar la meta que hemos elegido. Él le da la capacidad y la inspiración para lograrlo. Creo firmemente que Dios nos ha dado todo lo que Él daría.

Nos dio Su poderosa Palabra, Su poderosa sangre, Su poderoso Espíritu Santo. Dios hizo todo para que usted se levante en el poder de Sus fuerzas y desarrolle todo lo que diseñó para su vida.

La siguiente pregunta es: "¿Qué hará usted?". Dios ya hizo su parte y más. Ahora, ¿qué le corresponde hacer a usted? Dios le dio la inspiración para desarrollar sus dones.

Estas son las herramientas de las cuales Él nos proveyó para alcanzar el mayor potencial de nuestros talentos.

1. *Deseo*

Dios nos da el deseo de trabajar para la excelencia.

En el libro de Hageo 2:4 dice: "Pues ahora, Zorobabel, esfuérzate, dice Jehová; esfuérzate también, Josué hijo de Josadac, sumo sacerdote; y cobrad ánimo, pueblo todo de la tierra, dice Jehová, y trabajad; porque yo estoy con vosotros".

2. *Inteligencia*

Dios da la inteligencia para desarrollar los dones.

Salmos 141:2 dice: "Suba mi oración delante de ti como el incienso, el don de mis manos como la ofrenda de la tarde."

3. *Disciplina*

Dios trae la disciplina a nuestra vida para desarrollar los talentos.

Proverbios 15:32 dice: "El que tiene en

poco la disciplina menosprecia su alma; mas el que escucha la corrección tiene entendimiento".

B. Preparación

Aquello que está preparado con tiempo y dedicación permanecerá más tiempo. Una de las 21 leyes del liderazgo[1], que nos enseña el Dr. Maxwell, se llama la "Ley de la navegación".

En ella se fundamenta en una de las claves de la navegación se encuentra en la palabra: "preparación". Aquello que hemos preparado de la mejor manera permanecerá durante más tiempo. Necesitamos dedicarnos más tiempo a la buena cimentación de nuestros talentos: estudio, capacitación, entrenamiento. Una siembra educada.

No me refiero a sembrar mal la semilla, sino a no sembrarla en terreno infructuoso. Una siembra educada, en lo que a nuestros talentos se refiere.

Hay jóvenes que se acercan y me dicen: "Marcos, ¿podrías poner tus manos sobre mí y transferir todos tus conocimientos? Quiero tocar el piano exactamente como tú, quiero predicar como tú, ¿podrías orar por mí y pasarme tu manto?". Mi respuesta es que ellos no necesitan mi manto, cuando Dios hizo uno escrito con su propio nombre para cada uno de ellos.

Dios quiere poner ese manto sobre sus hombros y darle la inspiración para que se prepare. Realmente puedo orar por ellos, pero mi oración será muy diferente a lo que ellos pensaban. Diré: "Señor, quítale el espíritu de pereza a este joven. Espíritu de 'flojera', ¡huye, en el Nombre de Jesús!". Muchas veces decimos: "Señor, aquí estoy. Usa mi vida". Pero no queremos 'talonearle', no queremos comprometernos con la preparación y el estudio.

Desde hace unos veinte o treinta años, en América Latina se instauró una mentalidad que se hizo muy popular entre el pueblo cristiano: "No estudies porque Cristo viene pronto". Y aunque usted no lo crea, a mí personalmente me lo han dicho.

A los 17 años, en pleno dinamismo juvenil, con todo el entusiasmo de trabajar para el Señor, una persona a quien estimo y respeto, me dijo: "Marcos, no te vayas a estudiar a la Escuela Bíblica porque Cristo viene pronto". Este consejo surgió cuando estaba preparando mi viaje de estudio a otra ciudad en la que había una Escuela Bíblica.

Estas palabras sembraron duda en mi corazón: "¿Estaría haciendo lo correcto?". Entonces se me ocurrió una buena idea, ir a platicar con mi papá. Busqué su consejo en un momento de indecisión: "Papá, el hermano 'fulano de tal' me dijo que no vaya a estudiar a la Escuela Bíblica porque Cristo viene pronto". Mi papá, un hombre muy sabio, me dijo: "¿Y cuál es el problema? Es bueno que cuando el Señor regrese te encuentre preparándote para alcanzar la excelencia en lo que te ha llamado a hacer". ¡Qué maravilloso consejo! Esa era mi obligación en aquel tiempo: capacitarme para lograr desarrollar los dones que Dios sembró en mí.

Lamentablemente, esa mentalidad proliferó entre los cristianos. Ese pensamiento de 'no te prepares, no estudies porque Cristo viene pronto' se introdujo en toda una generación que hoy no tiene voz en su sociedad. Una generación de cristianos que podrían ser los legisladores de su país, los multimillonarios de sus ciudades, los doctores más importantes de su nación, con una voz y con un testimonio cristiano. Pero en toda América Latina carecemos de profesionales cristianos comprometidos con el Señor. Toda una generación de jóvenes que no estudió porque 'Cristo venía pronto'.

¿Puede comprender lo peligroso que es eso? El Señor le da la inspiración, pero usted tiene que prepararse.

C. EJECUCIÓN

El paso final del proceso es la ejecución. Muchos quieren brincar de la "inspiración" a la "ejecución" sin pasar por el terreno de la "preparación". Pero el resultado de ese salto será la falta de permanencia. Será como una llamarada de fuegos artificiales, que luego de un tiempo se acaba y no queda nada.

Sin embargo, los años que tardó en prepararse, podrían tomar segundos para ser ejecutados. El mejor ejemplo es pensar en la carrera Olímpica de los 100 metros llanos. El atleta tiene años de disciplina, de preparación, entrenamiento para mejorar en milésimas de segundos que determinan un primer o un segundo lugar. ¡No brinque ninguno de estos pasos!

Transite la inspiración, la preparación y finalmente llegue a la ejecución. Tal vez el Señor tiene un plan en el que lo usará por 30 minutos en sus 70 años de vida. Pero le aseguro que esos 30 minutos en la voluntad del Padre, serán más efectivos que 50 años de hacer cosas que no estaban en Su voluntad.

Un buen proyecto es 10% inspiración y 90% transpiración.

N: Negociar

La tercera letra de la palabra GANA es la N y la siguiente palabra de este acróstico es: **Negociar**.

Me llamó la atención que Jesucristo utilizó esa palabra al hablar de los talentos. El versículo 16 dice: *"...fue y negoció con ellos"*. Dentro de la palabra "negociar" hay varias características del siervo que deben ser resaltadas, entre ellas:

A. Administradores

El hecho de tener un don nos convierte automáticamente en administradores. El libro de Proverbios 18:16 dice: *"La dádiva del hombre le ensancha el camino y le lleva delante de los grandes"*. La dádiva, el regalo, el don que le ha sido dado, lo llevará delante de los grandes. Ensanchará su camino si usted lleva una buena administración de él.

El buen administrador sabe tomar algo pequeño y hacerlo crecer. El buen administrador sabe rendir cuentas al dueño de todo y sabe presentarle su gestión como administrador de lo que se le ha confiado.

La palabra "don" es una palabra apropiada, pues nos recuerda que estas bendiciones no se ganan, sino que Dios las da gratis a sus hijos. Un don no es un premio al buen comportamiento sino una señal de relación. Damos regalos a nuestros hijos en sus cumpleaños porque son nuestros hijos y no porque han sido "buenos".

La primera cláusula que debe conocer el administrador es: "Nada es mío, todo es prestado". El don que usted administra es un regalo que Dios le hizo, para que sea un mayordomo de ese don.

Cuando los dones de Dios son administrados de la manera correcta, resultan no solamente hermosos sino útiles, para que el cuerpo de Cristo crezca y se desarrolle.

Con el correr de los años, cuando nos

afianzamos en el ministerio que nos ha sido entregado por Dios, nos volvemos posesivos. He visto a tantos hablar así: mi ministerio, mi iglesia, mi congregación, mis ovejas, mi, mi, mi... Todo es de Dios, nada es mío. Todo es prestado. Este no es mi ministerio, mi don o mis ovejas. ¿Cuándo fue que Dios le transfirió la propiedad de Sus ovejas? Somos administradores de lo que Dios ha puesto en nuestras manos.

Tenemos el placer de servir en el Reino de nuestro Señor Jesucristo. ¡Qué privilegio! Pero puedo asegurarle que tendré que rendirle cuentas al verdadero dueño sobre lo que haga en el ministerio.

Cuando llegue delante del trono de Dios, espero poder decirle: "Señor, esto fue lo que yo hice con el talento que me diste, aquí está la multiplicación. Fui administrador de lo que me entregaste, fui un hombre que supo negociar con lo que me diste".

Negociar es saber sacar provecho de un bien. El siervo miró el talento y pensó: "¿Qué puedo hacer con este talento?". Entonces fue y negoció. Vendió, compró y trabajó para que eso se convirtiera en otro talento, en otro talento y en otro talento.

Muchos de nosotros contemplamos nuestro talento y pensamos: "¿Qué haré con él? ¿Cómo podré sacarle el mejor provecho?". Lo que usted necesita es accionar su vida y comenzar a negociar con ese talento para hacerlo crecer.

Una de mis frases favoritas, la cual también se lo atribuyo a Francisco Warren, mi papá, dice: "La verdadera autoridad sirve para desarrollar al máximo el potencial de aquellos que están bajo mi autoridad". Medite esta frase por unos instantes y se dará cuenta de la profundidad que ella posee.

Mi autoridad no sirve para decirle a usted qué hacer y qué no hacer, cómo pensar, cómo vestir, etc. Esa clase de liderazgo codependiente es peligroso, y es muy frecuente en América Latina. Oro al Señor para que cambie esa mentalidad y que levante otra clase de liderazgo, que confíe en la manera de pensar de la gente.

Mi privilegio como líder de mis cuatro hijos es de ver cuáles son los talentos que tienen cada uno de ellos en sus manos, y ayudarles a que negocien con ellos y los hagan crecer a su máxima expresión.

Hace algún tiempo, mi esposa y yo tuvimos una encrucijada tremenda con los talentos de uno de nuestros hijos. Mi hija Elena, que está en plena adolescencia, comenzó a practicar equitación. Todo estaba muy bien mientras ella aprendía solamente por gusto. Pero, de repente, la invitaron a participar de una competencia de equitación entre clubes cercanos.

Uno de mis íntimos amigos me dijo: "Marcos, gracias a Dios que tu hija anda en caballos, porque a su edad es mejor que se enamore de caballos, que de muchachos". ¡Ah! ¡Dios mío!

Rápidamente la invitaron para concursar en otra competencia. Y, en verdad la equitación no es como jugar con un balón de 'baloncesto'. Comienzan a surgir gastos y problemas que no teníamos hasta ese momento.

Mi hija, el caballo, el alimento del caballo, el hospedaje del caballo, etc. ¡Era una cosa de locos!

Al poco tiempo participó de los Juegos Panamericanos de equitación para representar a México. A esta altura ya era miembro de la Federación Mexicana de Equitación. Imagínese si esa competencia la hubieran celebrado en el otro lado del continente. Transportar el caballo para allá, un hospedaje para mi hija y para el caballo por diez días. Cuando me trajeron el presupuesto pegué un grito, pero le aseguro que no era de júbilo.

La noche antes de tomar una decisión sobre si participaría en la competencia, le dije: "Hija, mañana a las 10 te damos una respuesta". Ella estaba esperanzada en representar a México en los Juegos Panamericanos de Equitación.

Esa noche mientras estaba en la cama decía: "Ay, Señor. Eres el Dios que provee para todas nuestras necesidades". Y recordé: "La verdadera autoridad sirve para desarrollar al máximo el potencial de aquellos que están bajo nuestra autoridad". Así fue que me dije: "No, no, no, no es un gasto. Esta es una inversión para convertir a mi hija en una campeona. Yo sé que es una campeona, pero necesito que ella sepa que lo es".

Reprendí el espíritu de 'codismo' y... día a día pido a Dios que me bendiga para proveer a las necesidades de mi familia y para sostener a mi caballo.

B. Trabajadores

Proverbios 31:17-18 dice: "Ciñe de fuerzas sus lomos, y esfuerza sus brazos. Ve que van bien sus negocios; su lámpara no se apaga de noche". El trabajo es 90% de sudor, 10% de inspiración. Parte del proyecto de multiplicación es el trabajo con esfuerzo. Nada se logra sin esfuerzo y trabajo. Puedo asegurarle que solamente a través del trabajo a conciencia se logrará alcanzar los resultados esperados.

C. Multiplicadores

Es necesario saber reconocer los tiempos y las oportunidades que harán multiplicar la inversión. Entre otras, una de las 21 leyes que nos enseñó el Dr. Maxwell es la "Ley del momento oportuno". Hay un momento que es la oportunidad para convertirnos en multiplicadores.

Hace algunos años unos relojeros visitaron Suiza. Usted debe saber que esa es la nación relojera por excelencia. Los relojeros suizos eran reconocidos como los mejores del mundo entero. Pero llegaron estos relojeros a presentarles a los grandes empresarios del lugar una nueva tecnología que se llamaba "digital". Los relojeros suizos se rieron en la cara de los inventores de tal tecnología.

En 1940 y tantos, los relojeros suizos tenían el 95% del mercado relojero del mundo entero. ¿Sabe cuál es el porcentaje que tienen hoy? Menos del 30% y la razón es que no supieron reconocer la oportunidad que les había sido brindada.

Lo mismo sucedió con un hombre que

inventó una máquina que sacaba fotocopias. Presentó su invento ante todos los impresores de los Estados Unidos y se rieron de él. Le dijeron que estaba loco, que nadie querría tener una máquina que hiciera copias. Ante esta negativa ese señor llevó su invento y comenzó una pequeña compañía que hoy conocemos como "Xerox". Una de las empresas "multiarchibillonarias" del mundo. El problema fue no entender las sazones ni los tiempos.

Dios quiere darle un entendimiento divino de los tiempos para que usted se convierta en un multiplicador. Dios le dará oportunidades, las pondrá frente a usted para que pueda multiplicar los talentos que Él le ha dado.

Un amigo me platicó una historia muy interesante. Hace muchos años, le habían ofrecido a su abuelo ser inversionista en una compañía que preparaban una bebida con un jarabe extraño. El dueño de una farmacia, autor de esa fórmula extraña, le había agregado agua carbonizada y comenzó a vender la bebida. La mezcla había alcanzado tal popularidad que estaba buscando inversionistas. Frente a la propuesta de participar en esa compañía, el abuelo le dijo: "Usted está loco. Nadie va a querer probar esto". El abuelo se rió de este hombre y lo despachó de la casa. Finalmente este hombre encontró otros inversionistas. Hoy en día, esa compañía se llama *Coca-Cola*. ¡Lo que es no saber aprovechar los tiempos!

El mismo abuelo, después de eso, se mudó al estado de la Florida, en Estados Unidos. Compró 5,000 hectáreas en el centro del estado porque tenía en mente un proyecto especial que fracasó. Así que se decidió a vender esas tierras porque dijo: "Este terreno no me sirve para nada. Es pantanoso, feo, difícil de trabajar. Nadie querrá comprarlo". A los cinco años, una compañía que se llama Disney lo compró. En el mismo lugar que él tenía sus hectáreas, hoy en día está Disney World, en Orlando, Florida. ¡Ese hombre las perdió todas!

Hay tres clases de personas:

a. Las que saben que algo está pasando y quieren involucrarse.
b. Las que saben que algo está pasando, pero no saben cómo involucrarse.
c. Las que no tienen idea de que algo está pasando.

¿Qué clase de persona es usted? Puede convertirse en multiplicador si sabe conocer los tiempos. La Biblia dice en el libro de los Proverbios 22:29: "¿Has visto hombre solícito en su trabajo? Delante de los reyes estará; no estará delante de los de baja condición". Llegará el día en que lo llamarán los reyes de la tierra para pedir su consejo acerca de la dirección de su sociedad, de su ciudad y de su país.

A: Asumir

Y la última letra de nuestro acróstico es la A, y la palabra correspondiente es **Asumir**. Debemos asumir la responsabilidad.

Hay un dicho muy conocido que declara: "Las decisiones de hoy afectarán las acciones de mañana". Las decisiones que usted tome hoy afectarán su destino. Hay cosas acerca de usted que no puede cambiar. Por ejemplo, no puede cambiar su color de piel, su color de ojos, su lugar de nacimiento o la cantidad de cabello que a Dios le pareció correcto darle. En verdad, hay ciertas cosas de usted mismo que no puede cambiar, pero hay otras que sí.

Usted puede cambiar esa mentalidad de derrota, de 'no puedo', de 'no sé hacer nada'. Esas ideas derrotistas están carcomiendo a América Latina. Tiene que recordar que Dios puso la victoria dentro de nosotros.

Una tarde, un niño negro contemplaba extasiado al vendedor de globos en la feria, el cual era evidentemente un excelente vendedor. En determinado momento, y para llamar la atención de los transeúntes, soltó un globo rojo, que se elevo por los aires e inmediatamente atrajo a una multitud de posibles clientes. Luego soltó un globo azul, después uno amarillo, a continuación un globo blanco... todos ellos remontaron vuelo hacia el cielo hasta que desaparecieron. El niño, sin embargo, no dejaba de mirar un globo negro que el vendedor no soltaba en ningún momento. Finalmente, le pregunto: "Señor, ¿si soltara usted el globo negro, subiría tan alto como los demás?". El vendedor sonrió comprendiendo lo que el niño en ese momento pensaba, entonces soltó el cordel con el que tenía sujeto el globo negro, y mientras este se elevaba hacia lo alto, dijo: "No es el color lo que lo hace subir hacia el cielo, es lo que hay dentro de él".

No será el color de su piel ni su estatura lo que impedirá volar y desarrollar sus talentos sino usted mismo. Descubra que quien da vida a su interior lo ayudará a crecer y multiplicarse.

Esto le sucedió a un hombre, un día cualquiera. El pobre labrador oyó un ruido bajo la rueda de su arado. Miró desconcertado y descubrió que había desenterrado un tronco llenó de monedas de oro. Una inconmensurable fortuna para él.

Nuestro hombre arrastró el tronco hasta el frente de su rancho y lo enterró profundamente en su jardín. Por varios días pensó y repensó: "¿Qué hacer con todo eso?". Imaginó todo lo que podría comprar y decidió dejarlo enterrado. Con ese tesoro, cualquier cosa podría resolverse.

Este tronco lleno de monedas de oro, sería su seguridad ante el acontecimiento de un imprevisto, una calamidad o una dura temporada.

La seguridad de su tesoro enterrado cambió sustancialmente el carácter de nuestro hombre. De precavido, se transformó en un ser relajado. De gruñón y taciturno, pasó a ser un hombre chispeante y agradable. Eliminó su temor y su intolerancia y los cambió por confianza, fe y compasión. De hecho, concibió la vida como una experiencia hermosa y feliz, sabiendo que, aunque llegasen tiempos duros, podría hacerles frente.

Toda la vida de este ser dio un giro radical para bien suyo, de su familia, amigos y allegados. Incluso llegó a transformar el estado de la comarca, pues se fue tornando en un hombre esforzado, positivo e influyente, su marco de acción se engrandeció sustancialmente. La abundancia sin límites caracterizó entonces su vida.

Pero tras muchos años de buen vivir, las últimas horas de este notable y amado hombre llegaron a su fin. Antes de expirar, nuestro amigo reunió a sus hijos y les reveló su increíble y bien guardado secreto. Entonces, tranquilo, murió en paz.

Al día siguiente, muy temprano, sus hijos fueron a cavar afanosamente en el lugar indicado. Encontraron el tronco, pero para sorpresa de todos, estaba vacío. Las monedas habían sido robadas por unos aventureros hacía más de 10 años.

Que tremendo es pensar que no fue el hecho de SER rico lo que dio seguridad y felicidad a este hombre, sino más bien la IDEA de que tal riqueza y felicidad existían.

Esta historia nos da una perspectiva acerca del poder que tienen nuestros pensamientos y nuestra actitud sobre el futuro de nuestra vida.

Cuando tengamos la sensación de que somos desgraciados, apartados, olvidados, no merecedores de algo, pensemos en que hemos sido merecedores de un don de parte de Dios.

Urge la necesidad que América Latina cambie la mentalidad de derrota que está enquistada en tantos jóvenes que dicen: 'No puedo hacerlo', 'No sé hacerlo', 'No soy nadie'. Dios ha puesto el triunfo adentro de cada uno de nosotros. Dios lo ha programado para triunfar, no hay manera de fracasar, a menos que usted acepte todas las mentiras que Satanás le quiera hacer creer. No hay otra forma de triunfar que aceptar la verdad de la Palabra de Dios.

Tenemos que dejar de culpar a otros. Es necesario que nos responsabilicemos por lo que estamos viviendo. Debemos asumir que tenemos una mentalidad irresponsable. Frente a una actitud equivocada rápidamente decimos: "¡No es mi culpa! ¡Yo no fui!". Este pensamiento destruye nuestros países. Pero si decimos: "Sí, yo fui. Yo dije eso. Me hago responsable de mis palabras. Me hago responsable de mis hechos". Todo sería diferente. Necesitamos asumir nuestra responsabilidad y nuestros errores, para aprender de ellos. Necesitamos aprender cómo sacarle el lado positivo al fracaso. Mi amigo John Maxwell dice: "Si te caes al piso no te levantes tan rápidamente, recoge algo antes de levantarte. Como no siempre estás en el piso, aprovecha el viaje". Asumir mi responsabilidad es decir: "Sí, fui yo".

Mientras visitaba un aula magna de la escuela de música, noté que estaba pintada de un color anaranjado muy fuerte. Un color naranja mexicano. Le pregunté al joven que me acompañaba a recorrer las aulas: "¿Quién pintó estas paredes de este color?". Él tragó saliva y muy profundamente me dijo: "Fui yo". Aunque me chocaba el color, me encantó el carácter de la persona que dijo: 'Fui yo, me hago responsable".

Por años nos hemos dedicado a culpar a nuestros antepasados de nuestros propios fracasos: "Es que mi papá me dejó cuando yo era niño". Deje eso en su pasado. No hay nada allí que conquistar. Todo lo que tiene para conquistar está en su futuro. Vaya hacia la meta, dice el apóstol Pablo: "Dejando, pues, todo lo que está atrás yo he puesto mi mirada en la meta del supremo llamamiento". Lo que usted haga hoy determinará lo que será y tendrá mañana. Crezca, aprenda, decida y accione hoy.

Reafirme este mensaje al recordar que: "El siervo fiel siempre gana". Pero, ¿qué sucede con el siervo negligente? Él siempre PIERDE.

Ahora descubramos el acróstico del siervo que perdió.

P: Perezoso

La P de PIERDE representa al **Perezoso**. El siervo negligente fue perezoso. Esta ha sido una de las principales señales que caracterizaron al siervo negligente. Él no hizo nada con lo que Dios le había dado.

Nunca dejo de maravillarme de las personas que sueñan, desean y hasta oran para que el Señor los use, pero no quieren deshacerse del manto de pereza que cubre su vida.

Uno de los capítulos de mi libro *Señor, ¿en qué puedo servirte?*, se llama "Deshagámonos del Rascapanza". En él, hablo de la necesidad que tenemos cada uno de deshacernos de ciertos hábitos de pereza en nuestra vida.

Lo primero que tenemos que hacer es levantarnos cada día de la cama y hacerle frente a la vida. La habilidad de ser hombres y mujeres de Dios requiere de cierta ética elemental de trabajo. Asimismo, lo elemental necesita de hábitos como el de levantarse cada mañana, disciplinarnos en la lectura, responder nuestros correos y llamadas telefónicas, buscar las oportunidades y relacionarnos con las personas que podrán ayudarnos a avanzar el Reino. Esto es lo elemental.

Podríamos ahondar sobre muchísimos detalles en cuanto a "ética de trabajo", pero si comenzamos por lo elemental, estamos rumbo al éxito. En el camino podemos perfeccionar nuestras habilidades, mejorarlas y aprovecharlas. Todo empieza con levantarse de la cama cada mañana.

Si esta es una de las características de su vida, entonces diga: "Espíritu de pereza... ¡HUYE!".

I: IGNORANTE

En el caso del siervo infiel, es obvio que se trataba de un hombre que ignoraba cómo funcionan los principios de inversión. Ahora bien, el potencial de conocer esos principios tendría que haber estado en su vida, de otra manera el Señor no le hubiera entregado el talento. Dios no entrega talentos a individuos que no tengan el potencial.

¿Cuántas veces hemos escuchado decir "¡Oh, cuánto potencial que hay en esa persona!"? En muchísimas oportunidades. Generalmente se dice de aquellos que tienen talentos y no los han desarrollado.

El potencial sin desarrollo es pérdida. El siervo infiel tendría potencial, pero nunca lo desarrolló. Quiso escudarse en esa frase mentirosa que dice: "Es que yo no sé…".

Si ha enfrentado la tentación de mantenerse en ignorancia, lo invito a que haga un compromiso de crecimiento diario. Busque cada día algo nuevo qué aprender. Entregue cada día una porción de su tiempo al crecimiento personal, podría ser la lectura de un buen libro, asistir a algún curso, recibir la enseñanza de algún maestro, escuchar un casete o video de instrucción.

Existen cientos de maneras de poder crecer en estos tiempos. De hecho, vivimos en la "era de la información". Hay tanta información que en mil vidas no podríamos digerirla toda. Es tiempo de hacer un esfuerzo disciplinado y calculado para incrementar nuestro conocimiento.

¡Qué triste sería morir en ignorancia! Es lo último que deseo para mi vida y para la suya. No haga de la ignorancia una eterna compañera. Si usted cree ser un ignorante, ya no tiene necesidad de permanecer así. El resto es huida. Escape de la ignorancia.

E: ESCONDE ... SU TALENTO

El siervo necio, en vez de preocuparse por el crecimiento de sus dones y habilidades, escarba un hoyo en la tierra y esconde su talento. Esta actitud es típica de una persona perezosa e indisciplinada.

El siervo inútil tiene otras características además de su habilidad para esconder sus talentos, también esconde sus responsabilidades. El hecho de haber sido el destinatario de uno de los dones que el Señor había regalado, lo convertía en el responsable de ese talento.

Cuando usted y yo hemos recibido algún don de parte del Señor, tenemos que responsabilizarnos de él. No hay manera de evadirlo.

Hay un refrán que siempre me ha motivado a mantener el enfoque y el rumbo: "Mis responsabilidades definen mi estilo de vida". Existen personas que están buscando su estilo de vida para definir sus responsabilidades. Sin embargo, debería ser al revés.

Por ejemplo:

El **hecho** de ser papá define en gran manera mis responsabilidades.

El **hecho** de ser el presidente del Consejo de administración del Grupo CanZion define una gran cantidad de mis responsabilidades.

El **hecho** de ser salmista y ministro de la Palabra de Dios, define una gran cantidad de mis responsabilidades.

Es por eso que mis responsabilidades definen mi estilo de vida. No debemos ser hombres y mujeres que huimos a nuestras responsabilidades, sino que debemos asumirlas. Con elegancia y calidad podemos hacerlas fructificar para la gloria del Señor.

Vivimos en una generación que busca continuamente cómo deshacerse de sus responsabilidades. Enfrentamos la realidad de una generación que no se hace responsable de sus palabras ni de sus hechos. Nos hemos convertido en personas que siempre "buscan culpables", en lugar de asumir responsabilidades.

Lo animo a ser un hombre o una mujer que no se esconda de las realidades que le rodean y acepte los desafíos de las responsabilidades que Dios ha puesto en sus manos.

Recuerde que si Dios hubiera creído que usted no podía hacerse cargo de esos dones, no se los hubiera entregado. Al dárnoslos nos demuestra que podemos hacer crecer y desarrollar nuestros dones.

R: RASCA ... LA PANZA

"Pero el que había recibido uno
fue y cavó en la tierra, y escondió
el dinero de su señor".

—v.18

El siervo necio tenía la unción de "rasca-panza". Al leer esta historia observamos con qué agilidad el siervo negligente se desentiende de todo. Después de esconder su talento en un hoyo, regresó a su casa, se tiró en el sofá y procedió a tomar una serie de siestas hasta la llegada del Señor.

Entre siesta y siesta, pensaba cómo le explicaría al Señor la razón del por qué había escondido el talento en la tierra. Puedo imaginar (de hecho, toda esta sección requiere de una "ungida" imaginación) que ideó varias versiones hasta que llegó a la que más le gustó y la que sentía que sería más razonable a los oídos de su señor.

> "Señor, te conocía que eres hombre duro, que siegas donde no sembraste y recoges donde no esparciste".
>
> —v.24

Probablemente el siervo se paraba frente a su espejo para ensayar las palabras que saldrían de su boca, los gestos que haría con su cara y las lágrimas de cocodrilo que haría salir de sus ojos. ¡Qué escena! ¡Cuánta creatividad tuvo para buscar su excusa! Mi pregunta es: "¿Por qué no habrá usado toda esa creatividad para hacer algo bueno con su talento?".

Recuerdo otro dicho antiguo que dice: "El flojo trabaja doble". Las cosas mal hechas requieren más trabajo que simplemente hacerlas bien la primera vez, ¿no cree?

Por lo tanto, si se identifica con el siervo rascapanza repita: "Espíritu de rascapanza... ¡HUYE!".

D: DUERME ... UNA SIESTA

Imagino que durante el tiempo que el señor tardó en regresar, el siervo perezoso e irresponsable tendría una sola actividad: dormir.

Siempre me han gustado mucho los refranes o dichos. Para esta sección tengo uno que es bastante conocido y dice: "Camarón que se duerme, se lo lleva la corriente".

En Mateo capítulo 25 podemos leer el

relato de las vírgenes insensatas que no tenían sus lámparas listas para el momento en que apareció el novio. A través de este relato el Señor nos habla fuertemente sobre la necesidad de estar alerta, vigilantes y a la expectativa de Su regreso.

Muchas de las señales que vemos en nuestros tiempos son manifestaciones de la inminente Segunda venida de nuestro Señor Jesús. Tanto a usted como a mí nos corresponde tener aceite en nuestra lámpara para recibir al novio.

Constantemente necesitamos hacernos preguntas difíciles como: "Si el Señor regresara esta misma noche ¿estoy listo para recibirlo?". Si se presenta cualquier duda al respecto, es necesario deshacernos de esta característica del siervo inútil y preparar nuestra lámpara para recibir al Maestro.

No sea que en alguna de las "siestas espirituales", el Señor lo sorprenda con su regreso, y lo encuentre fuera de la fiesta de bodas. Aún si el Señor no viniera en alguna de nuestras "siestas espirituales", lo que usted y yo podemos perder a manos del enemigo debería alertarnos a la necesidad de siempre estar preparados y a la expectativa. Es verdaderamente triste ver la cantidad de hombres y mujeres a los que se los llevó la corriente, simplemente por no estar en estado de alerta. No permita que su talento se adormezca. Despiértelo con actividad.

E: EXCUSA SUS ACCIONES CON UN BUEN "ROLLO"

"Pero llegando también el que había recibido un talento, dijo: Señor, te conocía que eres hombre duro, que siegas donde no sembraste y recoges donde no esparciste; por lo cual tuve miedo, y fui y escondí tu talento en la tierra; aquí tienes lo que es tuyo".
—Mateo 25:24-25

Como no tenía nada qué hacer, el siervo inútil se pasó todo el tiempo diseñando este gran "rollo" de discurso que le dijo a su señor cuando regresó a pedir cuentas. No puedo imaginar la cara que habrán puesto las personas que estaban a su alrededor, mientras él "discurseaba" de tal manera.

Al leer este "alegato" podemos entender la magnitud de la ignorancia de este siervo. En breves palabras quedó claro que este hombre no había desarrollado su "materia gris" y que lo poco que tenía le servía sólo de relleno para que su cabeza tuviera forma. ¡Qué impresionante!

Muchas personas, en lugar de buscar soluciones a sus desafíos, buscan excusas. Espero que usted no sea como ellas. Deshágase de la mentira de las excusas, asuma sus responsabilidades y multiplique los dones que Dios ha puesto en su vida.

Recuerde lo que establecimos al inicio de este curso: Dios ha dado a CADA UNO talentos. Todos tenemos la bendición, el privilegio y la responsabilidad de hacer crecer los dones y las habilidades que Dios nos ha regalado. Si en este momento es poseedor de un sólo talento, inviértalo, hágalo crecer y con el tiempo tendrá dos. Entonces invertirá esos dos, y luego de un tiempo tendrá tres, y así irá creciendo. No hay límite para incrementar todos y cada uno de los talentos que Dios ha puesto de nosotros.

El siervo negligente presentó excusas sobre los talentos que no supo negociar y multiplicar. Pero el Señor le dirá: "Apártate de mí". Él no usa flojos ni los necesita.

El Siervo fiel siempre gana

Robert Louis Stevenson tiene un cuento corto en el que habla de un niño que en una ocasión, al anochecer, miraba por la ventana de su casa. De pronto vio venir al hombre encargado de encender los faroles de gas de la calle, y a medida que él avanzaba, la calle se iluminaba. Asombrado, fue corriendo en busca de su mamá y le dijo:

"Mamá, mamá, afuera en la calle hay un hombre que está haciendo agujeros en la oscuridad". Así vio el niño las cosas, y ese fue su concepto de la luz y la oscuridad. Es necesario que nuestros talentos sean desarrollados, debemos tomar conciencia de ello. Puesto que es necesario que estemos preparados para abrir agujeros en la oscuridad que hoy tiene el mundo.

Y recuerde: EL SIERVO FIEL SIEMPRE GANA.

La visión de Lidere es:

Apoyar al liderazgo iberoamericano a maximizar su potencial personal como líderes, promoviendo su integración y desarrollo, bendiciendo así el Cuerpo de Cristo.

La misión de Lidere es:

Producir, publicar y presentar material de formación de líderes, con un enfoque iberoamericano, desarrollando procesos para difundir dicho material.

Estimados amigos y líderes:

Lidere ha tomado la iniciativa de emprender un trabajo de boletines quincenales con el propósito de colaborar en el desarrollo del liderazgo, dirigido a todas aquellas personas deseosas de incrementar el nivel de eficiencia en su vida personal. Para leer estos boletines sólo tiene que visitar www.lidere.org.

Houston, TX.: Tel.: 281.873.5080
Durango, Mx.: 18-172464
www.canzion.com
www.edecan.org
www.lidere.org